YQ
2145

- Monsieur Léopold Delisle

Conservateur à la Bibliothèque nationale

Hommage de l'auteur

[signature]

UNE VISITE

A LA

BIBLIOTHÈQUE DE L'UNIVERSITÉ DE BALE

UNE VISITE

A LA BIBLIOTHÈQUE

DE

L'UNIVERSITÉ DE BALE

PAR

UN BIBLIOPHILE LYONNAIS

Henri Baudrier

LYON

A LA LIBRAIRIE ANCIENNE D'AUG. BRUN

13, rue du Plat, 13

1880

UNE VISITE

BIBLIOTHÈQUE DE L'UNIVERSITÉ DE BALE

Il est d'usage de citer comme premier produit de la typographie lyonnaise, le *Lotharii compendium*, terminé le 15 des calendes d'octobre 1473, soit le 15 septembre de cette même année.

L'assertion me paraît inexacte. On doit imiter la réserve dont use Péricaud à la première page de sa *Bibliographie lyonnaise du XVe siècle*, où il se borne à présenter le *Lotharii compendium* comme étant, quant à présent, *le premier livre imprimé à Lyon avec date* indiquée. Suivant moi, l'imprimerie a débuté dans notre ville avant 1473. Isolé, mon avis ne serait pas d'un grand poids, j'en conviens, mais il s'étaie sur les suffrages des bibliographes qui se sont livrés à l'étude de nos incunables. Nous attendons, à cet égard, le résultat des recherches auxquelles se livre l'érudit libraire parisien, Claudin, à qui nous devons déjà, sur Jean Numeister, un bien curieux travail actuellement sous presse.

Mon opinion se fonde sur plusieurs motifs. Et d'abord, si l'on ne connaît point d'impression portant un millésime antérieur à 1473, il en existe plusieurs qui, sorties pareillement des mains de Guillaume Leroy et non datées, semblent, par leur composition moins perfectionnée, avoir précédé le *Lotharii compendium*, entre autres un Ancien Testament entrevu par Mercier Saint-Léger et signalé par lui dans des notes manuscrites dont nous ne saurions trop regretter la perte et dont l'existence est constatée par Péricaud, p. 88 de l'ouvrage précité. Dernièrement encore, Claudin découvrait dans la bibliothèque de Carcassonne un autre volume remplissant, à ses yeux, les mêmes conditions.

Les raisons suivantes ne me paraissent pas moins sérieuses. La route unissant alors la péninsule Ibérique avec l'Allemagne, et qui, plus tard, après la réunion de la Bourgogne et de l'Espagne sur la tête de Charles-Quint prit le nom de route des Espagnes, passait par Toulouse, Le Puy, Lyon, Genève, Neuchâtel et Bâle. Là, les marchandises destinées au nord-est de l'Europe, à la Hollande, aux Flandres, s'embarquaient sur le Rhin; les autres, après avoir traversé ce fleuve, s'acheminaient par terre à leur destination.

Un va et vient continuel créait entre ces villes des relations quotidiennes qui n'ont plus persisté, dans la suite, avec la même intensité. Le docteur Desbarreaux-Bernard a constaté ce résultat au point de vue de

l'imprimerie, entre Toulouse et Lyon (*Histoire de l'Imprimerie dans la province du Languedoc*, pp. 152 et s.). Le
lien n'est pas moins certain entre la cité des bords du
Rhin et celle des rives du Rhône, auxquelles on pourrait
presque donner le nom de sœurs puisqu'elles passent
pour avoir eu le même fondateur, Munatius Plancus,
qui n'a probablement fondé ni l'une ni l'autre.

A une époque contemporaine de l'invention de Guttenberg, en 1459, Bâle établissait sa noble université,
attirant ainsi dans ses murs une foule de sommités litté-
raires et créant un centre intellectuel très voisin du
foyer de la grande découverte. Là durent s'instruire la
plupart des propagateurs de l'art nouveau. On est en
droit de le supposer en examinant la nationalité de nos
prototypographes. Je laisse de côté celui qu'on est
toujours tenu d'appeler le premier d'entr'eux. L'infa-
tigable et habile compulseur de nos archives municipales, M. Natalis Rondot, par une récente découverte, a
enfin déterminé le lieu de naissance de Guillaume Leroy,
dont le secret n'avait jusqu'à présent été pénétré par personne. Il résulte d'un de nos registres des pennonages
que Leroy était originaire *du Liége*, en Belgique. En cas
d'alerte, il devait concourir à la défense publique,
armé d'un épieu (1). Donc, si l'on tient compte des dis-
tances, il a dû étudier ailleurs, et puiser son enseigne-
ment technique chez les frères de la vie commune
de Cologne, sous la direction d'Ulric Zell. En l'exceptant,

---

(1) Janvier 1492 (1493, n. s.) Maiſtre Guillaume le Roy, natif du Liége,
commandé ung eſpieu. (Archives municipales de Lyon, eſtablyes en cas
d'effroy.)

tous ou presque tous les autres imprimeurs qui se sont fixés à Lyon au début de l'art étaient *Allemands*. Or, par Allemagne on n'entendait guère alors que l'extrémité nord de la Suisse, les bords du Rhin, la Souabe et pays environnants. Il ne fallait pas s'écarter beaucoup pour tomber en pleine barbarie.

Après Leroy, les premiers imprimeurs lyonnais qui ont signé leurs œuvres sont Nicolas Philippi, dit Pistoris, et Marc Reinhart, l'un de Bensheim, près Darmstadt et l'autre de Strasbourg. Le troisième, Martin Huss, était de Botwart, village du Wurtemberg, non loin de Stuttgard; Scabeller dit Watten-schnee partageait avec lui cette origine; Glockensieger était né à Nordlingen, en Bavière; Wensler connu dans nos archives sous le nom de Michel de Bâle, était de Strasbourg; Numeister appartenait à Mayence; Wolf se dit de Lutter, au duché de Brunswick. Jean Trechsel, Cleyn, Groshofer, Syroben, Heremberg, Syber, Greelin, Ungarus, Fabri sont qualifiés d'allemands par les rédacteurs de nos rôles d'imposition du xve siècle, ou portent des noms ne laissant aucun doute sur leur origine germanique.

Remarquons en passant que ce courant, descendant du nord au midi avec une rapidité telle qu'avant 1475 vingt-six villes d'Italie dont M. de Vinne donne l'énumération (*The invention of printing*, London, *Trübner and C°*, 1877, in-8°, p. 500) étaient dotées de presses, quand, à la même époque, en France, Paris et Lyon, étaient seules à en posséder, remarquons, dis-je, que ce courant fut bientôt combattu par un contre-courant remontant la même direction. Bien avant la fin du xve siècle, Lyon avait reçu dans son sein un grand nombre de libraires ou d'imprimeurs italiens, tels que Carcagni, Trot ou Troti, Giboleti, Zaconi, Topie, Suigo, Balthazar d'Ast, Benedictis, ce dernier cause d'une singulière méprise de l'auteur du *Dictionnaire géographique ancien et moderne, à l'usage du libraire et de l'amateur de livres*. Nicolas de Benedictis ayant imprimé en espagnol et pour un libraire de Barcelone un livre daté de *Leon*, traduction espagnole du nom de notre ville, M. Deschamps a vu en lui un imprimeur d'au-delà les Pyrénées et a qualifié de premier ouvrage publié dans la capitale du royaume de Léon, un volume d'arithmétique sorti de Lyon en 1512, et probablement le premier livre imprimé en France dans une langue étrangère. Qui ne s'y serait pas trompé, je le demande? Et puisque de tels savants sont exposés à de semblables erreurs, avec quelle timidité pour soi et quel inépuisable fonds d'indulgence pour autrui ne doit-on pas aborder la solution des moindres problèmes bibliographiques!

Les relations entre Bâle et Lyon ne cessent pas de s'accentuer à mesure qu'on avance dans le XVIe siècle. Notre trop délaissé Sébastien Greyph ou Gryphe, natif de Reutlingen en Souabe, a dû débuter dans cette première ville. Il a été probablement l'élève de Froben, car nous le voyons hériter d'une partie des bois gravés par Holbein pour ce célèbre libraire balois, son compatriote et son ami. Les fils Trechsel et les frères Frellon doivent également leur principale réputation aux ouvrages publiés par eux pour reproduire les inimitables gravures du même artiste.

Il est à remarquer que, comme chez nous, le premier

livre imprimé à Bâle avec date, porte celle de 1473. Mais une heureuse circonstance a permis de constater l'existence antérieure d'un volume sorti, sept ans aupavant, des mêmes presses, sans indication d'origine ni d'époque, comme la plupart des œuvres par lesquelles l'imprimerie a débuté. Le prototypographe de Bâle, Berthold Rot, nous dit M. Deschamps, figurait en qualité de témoin dans le procès intenté par Faust à Guttenberg en 1455. Il fut donc initié aux premiers tâtonnements de l'art. De Mayence, il se rendit à Strasbourg. On ne sait pas au juste à quelle époque il vint se fixer à Bâle, mais les caractères dont il s'est servi en 1473 se retrouvent déjà dans un ouvrage de saint Grégoire-le-Grand, *Moralia in Job*, dont on a retrouvé un exemplaire portant une note manuscrite, bien authentique, qui constate son acquisition en 1468, par un prêtre de Mayence. Comme ce livre est un énorme in-folio, et comme les moyens de travail dont on disposait alors étaient restreints, il est permis d'affirmer qu'il a dû coûter plus d'un an de préparation. Il faut donc admettre l'existence de presses à Bâle au moins en 1467, peut-être même plus tôt.

Or, la date de ce début étant ainsi fixée, avec la fréquence des relations qui unissaient Bâle et Lyon, est-il supposable que l'invention mayençaise ait mis sept ans ou plus pour franchir la distance qui séparait ces deux villes, surtout si l'on réfléchit à l'importance du centre commercial offert par notre riche cité pour la prompte expansion de l'industrie nouvelle et l'écoulement de ses produits?

Je le tiens donc pour certain, Lyon a été doté de

l'imprimerie peu de temps après Bâle, et nous tenons de cette ville, en grande partie au moins, les initiateurs et les procédés de l'art naissant.

Aussi, ayant appris par notre compatriote et grand bibliophile J. Renard et par l'actif *dénicheur* d'incunables Claudin, qu'on voyait à Bâle une bibliothèque riche en monuments des premiers temps de l'imprimerie, et confiée à la direction d'un conservateur non moins obligeant qu'érudit, je résolus bien vite d'aller examiner cette collection, jusqu'à ce jour peu explorée, afin de voir si elle me permettrait de dissiper quelques-unes des obscurités dont s'entoure encore l'origine de notre typographie.

Disons-le tout de suite, si je suis revenu émerveillé, sous bien des rapports, des richesses qui ont passé sous mes yeux, et si mon enthousiasme a été tel que j'ai voulu le redire aux adeptes de la science, mes espérances ont pourtant été trompées au point de vue lyonnais. Comme la plupart des anciennes collections de ce genre, la bibliothèque de l'université de Bâle possède un catalogue dressé, il y a déjà longtemps, fort bien rédigé pour l'époque où il a vu le jour, mais peu d'accord avec les exigences actuelles ; il donne, il est vrai, avec exactitude, les titres des ouvrages contenus dans les salles de l'édifice et, par son moyen, la recherche des volumes est facile, mais il présente toute la sobriété de détails dont on se contentait alors ; il est complètement dénué des indications bibliographiques aujourd'hui exigées pour ces sortes de travaux. Ainsi, notamment, l'énonciation des lieux d'impression n'y est pas contenue, de sorte que l'attribution des plus anciens monuments de l'imprimerie exige une nouvelle étude à reprendre volume par volume.

La ville de Bâle a été assez heureuse pour rencontrer, *rara avis!* un bibliothécaire doué de toutes les qualités nécessaires pour devenir un modèle et prenant ses fonctions au sérieux. D'un savoir aussi sûr que varié, il n'a pas ces prédilections exclusives qui ne laissent rien apercevoir au-delà d'un cercle limité. Toutes les branches de la science sont pour lui d'une égale sollicitude. Il comprend le respect dû au livre, à son intérieur et à son enveloppe, et ne dédaigne aucun des détails minutieux indispensables à sa conservation. Peu d'années se sont écoulées depuis son entrée dans des fonctions auxquelles ses travaux antérieurs l'avaient peu préparé, et il n'a pas mis beaucoup de temps à comprendre quels trésors la collection qui lui était confiée recélait pour l'histoire de l'imprimerie. Il s'est bien vite résolu à étudier, pour les mettre à part et en relief, les vénérables produits de la typographie au berceau accumulés sur ses tablettes. Son attention, comme il était juste, s'est d'abord portée sur Bâle et les environs, Paris ensuite, puis Rome et l'Italie. L'heure de Lyon n'est pas encore venue. Espérons que le docteur Sieber découvrira un jour, pour ce qui nous intéresse, des merveilles non inférieures à celles des parties déjà explorées. Je serai bien surpris si cette heureuse hypothèse réalisée n'apporte pas la confirmation de mon opinion sur l'ancienneté et l'origine de notre typographie.

En suivant la principale artère qui traverse le vieux Bâle, près d'arriver à l'ancien pont qui unit les deux

rives du Rhin, on trouve à droite une petite rue grim-
pante, étroite à son extrémité et s'élargissant à mesure
que la pente diminue. Elle conduit, en quelques minu-
tes, à la cathédrale ou *Munster*, comme on l'appelle,
célèbre par ses cloîtres et ses tombeaux. Avant d'y par-
venir, on rencontre un vaste édifice d'aspect simple
mais imposant, sur le fronton duquel se lit le mot
Museum. Il est composé de deux ailes reliées par une
façade centrale donnant sur la rue et a été consacré aux
collections publiques. Au milieu sont les objets d'art,
tableaux et gravures. Parmi ces dernières, il serait à
peine besoin de le dire, on peut admirer un riche as-
semblage des œuvres d'Holbein, Urs Graff et autres
artistes bâlois. On y voit aussi une salle d'antiquités où
se remarque une collection mexicaine, léguée à la ville
par un de ses enfants, Lucas Fischer, et de riches gale-
ries d'histoire naturelle. Des cabinets d'instruments de
physique et de chimie occupent l'aile gauche. Les livres
ont absorbé toute l'aile droite.

La Bibliothèque y fut transportée en 1849, lors de
l'achèvement de cette construction. Auparavant elle
occupait, sur la place de la grande église, une vieille
maison appelée *la mouche* (die mücke), aujourd'hui
transformée en école, après avoir, au moyen-âge, servi
de lieu de réunion aux notables de la ville. Sur les
rayons d'un grand nombre de salles se pressent environ
cent trente mille volumes, parmi lesquels à peu près
quinze cents manuscrits.

Dans ce nombre de volumes où toutes les branches de la science humaine sont représentées, si l'on
cherche l'élément dominant, la palme semble revenir

à la théologie et à l'ancienne jurisprudence. Cependant les mathématiques et la physique sont bien près de la disputer. En 1829, le professeur Daniel Hüber a enrichi cette partie par le don de sa bibliothèque, fort bien choisie et composée de douze mille volumes. Quant à la géologie et à la paléontologie, leur collection s'agrandit chaque jour. M. le président de la commission de la Bibliothèque s'est installé dans les pièces qui leur sont consacrées, classant, cataloguant et étiquetant lui-même tout ce qui doit y trouver place. Là ne se borne pas son zèle, c'est de sa bourse que sont achetées les nouvelles publications qui paraissent sur ces sciences, objet de ses études favorites. Il met son bonheur à enrichir les tablettes de ces salles, de nombreux volumes sur lesquels il fixe de sa main l'*ex-dono* qu'il a fait graver. Douce et vénérable physionomie que celle de M. Pierre Mérian, qui porte dignement un nom célèbre depuis plusieurs siècles, dans les arts comme dans les sciences ! Pendant qu'une portion importante de ses revenus s'absorbe dans cet emploi, le surplus s'écoule en actes de bienfaisance par la main de la compagne de sa déjà longue existence. Et ces dévoûments ne sont pas rares là-bas, assure-t-on. Il est à remarquer, d'ailleurs, combien la permanence des institutions sous lesquelles on se sent heureux de vivre, encourage les donations publiques. La ville n'est pas riche, surtout depuis la séparation de l'état de Bâle en deux cantons, Bâle-ville et Bâle-campagne. Elle donne au directeur de la bibliothèque, pour ses acquisitions nouvelles, tout ce dont elle peut disposer. Souvent la somme est insuffisante, mais il n'est pas embarrassé pour cela. Chaque fois que se présente l'occasion d'une emplette importante et dépassant ses ressources, il inscrit son objet et son prix sur une feuille de papier. Le concierge reçoit cette feuille et va la présenter dans les maisons connues. Elles sont nombreuses, et il n'est pas nécessaire d'accomplir le tour de la ville pour rapporter les souscriptions désirées.

Sur les cent trente mille volumes de la bibliothèque, on compte environ trois mille incunables, en prenant *stricto sensu* cette qualification, c'est-à-dire en la limitant aux éditions du xvᵉ siècle. Sur cent vingt mille volumes, Lyon n'en possède guère plus de quatre cents ; Toulouse, sur cinquante mille, environ deux cent soixante. On voit combien la proportion diffère. Il en est de même pour le xvıᵉ siècle. La raison de cette richesse est dans la manière dont la collection s'est formée.

La révolution religieuse qui renversa le catholicisme à Bâle s'accomplit, en 1527, sans donner lieu aux désordres signalés presque partout ailleurs. La modération est une des qualités distinctives du caractère de la population bâloise. Elle ne répudie aucun de ses nobles souvenirs. J'en veux, pour preuve, le sceau de l'Université gravé sur notre titre et qui, par un respect des traditions qu'on ne saurait trop admirer, a survécu immuable à travers la Réforme, gardant l'image de la Vierge, sous l'invocation de laquelle cette institution, aux racines vivaces, a été fondée. *Bâle*, dit M. Nisard (Etudes sur la Renaissance et la Réforme. Erasme, chap. x), *Bâle était une ville intermédiaire, paisible et bien gouvernée, où les théologiens avaient de la modération, où la lutte des choses anciennes et modernes n'avait amené aucune violence... La transition s'opéra sans effusion d'une seule goutte de sang. Une seule personne qui aurait pu craindre quelque danger, à cause de l'animosité publique, le consul, s'évada dans une barque... La fureur populaire se tourna contre les images. Tout ce qui était bois fut brûlé; tout ce qui était marbre, pierre ou métal, fut mis en morceaux. Tout cela se fit au milieu de telles risées, que je m'étonne, dit Erasme, que les saints n'aient pas fait un miracle, eux qui, jadis, en firent de si grands pour de si petites offenses.*

Les livres furent donc épargnés, à la différence de ce qui se passait ailleurs et notamment à Lyon, où chaque parti, tour à tour vainqueur ou vaincu, s'empressait de jeter au feu ceux de ses adversaires, en y joignant quelquefois leurs propriétaires ou vendeurs. Les bibliothèques du clergé furent successivement réunies dans les salles de l'Université, à l'exception cependant des livres de liturgie à l'usage spécial des prêtres ou religieux, qui leur furent laissés. C'est ainsi que l'État recueillit la bibliothèque du chapitre de la cathédrale, celle des Dominicains, des Augustins et surtout des Chartreux de la vallée de Sainte-Marguerite au petit Bâle.

Plus tard, de 1661 à 1682, la ville acquit des derniers représentants de la famille Amerbach, les mineurs Iselin, tous les livres, papiers, gravures et objets d'art qui avaient appartenu à cette glorieuse génération d'imprimeurs et de savants, à commencer par Jean, connu par ses éditions de saint Ambroise et de saint Jérôme publiées à Bâle, la première en 1492 et la seconde en 1506.

On s'explique ainsi la présence des nombreux produits de la typographie du xve et du xvie siècle et la richesse des classes de la théologie et de la jurisprudence ancienne que nous signalions en débutant, mais cette richesse n'est pas le seul mérite de la collection.

Une des choses qui frappe le plus à la vue de ces antiques spécimens de l'industrie naissante, c'est le merveilleux état de conservation de tous les volumes. Lorsqu'on examine ces vieilles reliures en bois recouvertes de peaux d'espèces plus ou moins connues, sillonnées d'ornements imprimés par des fers à froid, plaques ou roulettes ; ces demi-reliures de l'époque où le cuir recouvrant le dos du livre laisse apercevoir à découvert les planchettes qui en forment les plats ; ces reliures en vélin, particulièrement consacrées aux ouvrages de petit et de moyen format, on est surpris de leur fraîcheur. Elles semblent sortir de l'atelier du relieur. Tous les volumes ont gardé immaculé ce premier vêtement si apprécié par les véritables amateurs. Leurs fermoirs sont entiers et les rubans de fil vert ou bleu foncé dont les vélins sont liés ont encore l'apprêt qui, dans leur nouveauté, les rend brillants et à demi-rigides sous la pression des doigts. On se demande comment une netteté si parfaite a pu traverser, sans s'altérer, les trois ou quatre siècles écoulés depuis leur naissance. L'air est vif et sec au sommet de la colline du Munster, et on n'y connaît pas cette matière noire et gluante, triste combinaison de brouillards et de suie de houille tenant lieu de poussière dans nos villes enfumées. Assurément aussi les possesseurs successifs de ces in-folios avaient pour eux une vénération telle qu'ils les tourmentaient fort peu. Même en songeant à ces

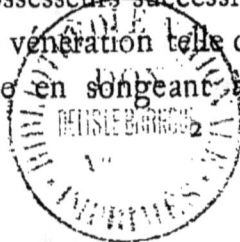

heureuses conditions, on n'est pas moins émerveillé de cette conservation, et c'est là un éminent mérite, car elle offre une garantie précieuse de l'intégrité du livre parfois si difficile à constater.

J'ai dit que parmi les collections dont, à différentes reprises, s'enrichit la bibliothèque de l'université de Bâle, se trouvait celle de la chartreuse de Sainte-Marguerite. Je ne sais si elle était nombreuse, mais elle y apportait un inestimable trésor, qui, lorsque le docteur Sieber aura achevé de la classer, vaudra certainement à la cité bâloise mille pieux pèlerinages de bibliophiles. Je veux parler de la bibliothèque de Jean Heynlein de Lapide, prieur de la Sorbonne, recteur de l'université parisienne, introducteur de l'imprimerie à Paris en compagnie du Savoyard Guillaume Fichet, aussi membre de la Sorbonne où il était bibliothécaire.

L'homme qui, de nos jours, a le mieux éclairé les mystérieux procédés de la typographie naissante, M. Madden, aux pages 149, 157 et 158 de la cinquième série de ses admirables Lettres d'un bibliographe, nous raconte ses découvertes sur la vie de Jean de La Pierre. Suivant lui, il est né à Stein, canton d'Argovie, et vivait encore en 1594. Il ignore l'époque de sa mort. Combien de douces jouissances ne se serait-il pas procurées, s'il avait su que tous les livres, les papiers, le testament du prieur de Sorbonne se retrouvent à Bâle! Il me permettra de compléter par quelques traits et quelques dates les détails par lui donnés sur ce docte et saint personnage, en l'honneur duquel l'érection d'une statue sur l'une des places de Paris se justifierait bien mieux

que ne se justifient tant d'autres monuments élevés à
la mémoire de célébrités douteuses ou de mauvais aloi.

Jean Heynlein était de Stein, village sur le Rhin,
au diocèse de Spire, grand duché de Bade. Il le dit
lui-même au colophon ajouté de sa main à la fin d'un
de ses volumes. « *Per me Johannem Heynlin de Lapide,
Dioces. Spirès.* » Au reste, l'erreur de M. Madden sur
ce point est sans importance. Le Stein d'Argovie et
celui du duché de Bade sont peu éloignés l'un de l'autre, et leur confusion n'affaiblit pas l'argument tiré de
la proximité des lieux d'origine du prieur de la Sorbonne
et d'Ulric Gering, pour conclure à leurs relations pro-
bables avant leur réunion à Paris.

En 1466, J. Heynlein est nommé *notarius ac tabellio
publicus, ac judex ordinarius.* Les lettres qui lui confèrent
ces titres, probablement moins réels qu'honorifiques,
sont datées du 14 octobre, et signées par Gérard de
Campo, comte palatin, à ce autorisé. Elles sont don-
nées à Paris, *in domo qua pendet Campana blavea* (la
Cloche d'azur), *in vico Sancti Jacobi.* Notre prieur
n'aurait-il pas, en cette circonstance, été la dupe du
comte palatin Gérard des Champs qui avait surpris la
confiance du Saint-Père en paraissant vouloir organi-
ser une Société de Jésus pour combattre les infidèles,
et que des documents récents publiés à Genève par
M. Ch. Le Fort tendent à montrer comme un miséra-
ble aventurier?

C'est le jour de la fête de l'Assomption 1487, qu'a-
près avoir prêché à la cathédrale de Bâle, Jean Heynlein vint se réfugier à la chartreuse de Sainte-Marguerite.
Il fit sa profession le jour de saint Hugon, 17 novem-

bre de la même année. La vie qu'il mena dans le cloître semble avoir été traversée par quelques contrariétés. La chronique latine du couvent, insérée dans la *Basler chroniken herausgegeben von der historischen gesellschaft in Basel. Leipzig, Verlag von S. Hirzel,* 1872, in 8°, t. I, pp. 342 et s., nous donne, à cet égard, les détails suivants.

... *Licet autem plerosque male habuerit, quod vir tantus neglecto verbi Dei ministerio se ad solitudinem et monasticam vitam contulerit (Unde et illi non parum tentationis callidissimus ille tentator ab æmulis invexit), ipse tamen, cur hoc fecerit, singulis proposse satisfaciens, in arrepto proposito dum stabilis perseverare pergeret, non nihil a domesticis adversariis, hoc est a semetipso nondum penitus mortificato, pati cæperat et periculosa inter prælatum suum et se ipsum ac alios quosdam confratres simultate torqueri et in scandalum plerorumque pusillorum nescio quid instabilitatis et æmulationis attentare. Porro querela tentationis orta fuit in eo, quod prior, scilicet pater Jacobus, durius quam pro ætate cungruebat eumdem tractaverit. Ita sane quibusdam visum est, nonnullis autem quod maluissent sibi præesse quam patrem Jacobum. Deus tamen pius et clemens non permisit hoc fieri sed in tentatione proventum faciendo non diu post hæc periculo liberavit eumdem...*

Et plus loin : *Simile quiddam a nonnullis præpotentibus attentatum fuerat, quatenus obtenta dispensatione Summi Pontificis et ordinis licuisset eidem doctori publice concionari, dum adhuc viveret, et vicariatum in spiritalibus agere Argentorati. Sed conatus illorum audacia dicti patris (Jacobi) prudenter frustratus est.*

Dieu clément mit fin aux troubles de l'âme de Jean Heynlein en le rappelant de ce monde. Il mourut à la chartreuse, le jour de la fête de saint Grégoire-le-Grand 1496, c'est-à-dire le 12 mars de cette année. A sa mort, l'université pria le supérieur de la chartreuse d'accorder au célèbre religieux une sépulture particulière dans l'intérieur ou le pourtour *(in ambitu)* de l'église du couvent, afin qu'une épitaphe sculptée sur le marbre pût rappeler le souvenir de ses services et de ses mérites. Sébastien Brandt, son ami, ou suivant d'autres Bernard Ouglin, offrait de pourvoir aux dépenses du monument et de composer l'inscription. Mais l'inflexible prieur n'y voulut jamais consentir, *ob multas causas, maxime tamen, quia hoc contra morem ordinis esset et contra simplicitatem eorum, qui, mundo quandam penitus mortui, vanitatibus istis dum adhuc in hac mortali vita viverent, renunciassent, nec amplius necessarium fore, quod tales quasi in conspectu hominum denuò (talibus insignibus scilicet), vivere deberent, quorum vita jam dudum cum Christo abscondita fuisset in Deo.*

L'église de la chartreuse de Sainte-Marguerite et une chapelle qui en dépendait subsistent encore, mais depuis lontemps ses autres bâtiments, convertis en orphelinat, ont perdu leur caractère. Quelques parcelles du cloître avaient néanmoins survécu et on montrait, il y a peu d'années, avec plus ou moins de vérité, la cellule dans laquelle le pieux cénobite avait fini ses jours et l'emplacement de sa tombe. La chaussée du pont incliné récemment construit en amont de l'ancien pont a renversé ces derniers débris. Seules quelques inscriptions funéraires apparaissent formant une ceinture serrée autour des murailles du temple et attestant l'usage, existant alors pour les principaux citoyens de la ville, d'élire leur sépulture en ce saint lieu. Peut-être sans l'austère rigidité du supérieur, le Père Jacques, y lirions-nous l'œuvre consacrée par Sébastien Brandt à la mémoire de son ami (1)!

Le testament de Jean Heynlein, du 16 novembre 1487, veille de la fête de saint Hugon, contient, en faveur de la Chartreuse, le legs de sa bibliothèque diminuée d'un petit nombre d'ouvrage dont il dispose, à titre de souvenir, en faveur de quelques personnes.

Cette bibliothèque se composait d'environ trois cents volumes, nombre très-considérable pour l'époque. On

(1) L'édition originale des *Statuta Ordinis carthusiensis* a été imprimée, à Bâle, par Jean Amerbach, 1510, in-4°, goth. à longues lignes. C'est un ouvrage fort rare, remarquable par un frontispice représentant une assemblée de chartreux, dans lequel on reconnaît le crayon d'Holbein, et par un curieux privilége donné par le supérieur de la chartreuse à l'imprimeur pour réimprimer ces statuts, sans limite de temps, privilége qui lui est accordé à raison de son dévoûment à l'ordre et des dépenses par lui exposées dans cette publication. *Districte inhibimus ne dicta statuta... alibi quam apud dictum magistrum Amerbachium imprimi faciant, aut per alios forsitan iam impressa vel imprimenda emant vel recipiant...* Un exemplaire de ces Statuts qui est à la bibliothèque du château de Terrebasse contient, en écriture fort ancienne, une énumération des maisons dépendantes de l'ordre. L'article de la chartreuse de Sainte-Marguerite est ainsi conçu : *Domus vallis S^{tæ} Margarete in urbe Basiliensi in insula Rheni sita a Rev. Patre Archipaldio ibidem episcopo circa an. 1295 fundata, sed pro morte (?) fundatoris et bella tunc suborta per centum ferè (?) annos imperfecta remansit, usque dem. an. 1406, Jacobus Zirbel in senatu Basiliensi tribanus plebis hanc proprio ære extruxit quæ stat integra et a Lutheranis occupatur.* Il semblerait donc, par cette note, qu'au xiiie siècle, le ténement sur lequel la chartreuse fut bâtie, était séparé de la rive droite du Rhin par un bras de ce fleuve.

a leur liste exacte. Le bibliothécaire du couvent, après la mort du testateur, a dressé leur catalogue qui a été retrouvé et qui est lui-même un fort intéressant document de bibliographie ancienne. Il est écrit d'une main très-nette sur quelques feuilles de vélin étroites et de la taille d'un in-quarto. A la suite est un règlement fort curieux pour les lecteurs et digne d'être publié. Tous les précieux volumes mentionnés dans cette pièce existent çà et là, on le tient pour certain, sur les tablettes de la bibliothèque de l'universiré. Ils sont faciles à reconnaître, car le rédacteur du catalogue a placé sur chacun d'eux une note de renvoi qui les distingue. Le docteur Sieber les recherche avec soin et les met à part lorsqu'il les rencontre. Déjà près de deux cents sont réunis et bientôt tous les livres de l'ancien Prieur de la Sorbonne vont de nouveau se trouver côte à côte.

Jean Heynlein n'était pas seulement un savant docteur, c'était aussi un grand bibliophile ; j'appelle ainsi un homme épris de l'amour des livres et qui les aime non pas seulement à raison de leur contenu, mais aussi pour leur beauté intérieure et extérieure. Tous les volumes sont admirablement reliés pour une époque qui n'avait pas encore vu les Grolier et les Maioli introduire dans cette industrie toutes les délicatesses du dessin et du coloris. Ils sont à toutes marges et enrichis de miniatures, lettres ornées, volutes et figurines tracées par des mains habiles. C'était de plus un éminent calligraphe. La plupart de ses livres sont annotés par lui avec une écriture qui aurait fait honneur aux plus adroits des copistes pour subvenir aux efforts desquels il avait appelé l'imprimerie à Paris. Je laisse parler, à cet égard, la chronique à laquelle j'ai déjà emprunté plus d'un passage : *Tantum autem diligentiæ suis libris apposuit, ut studiosissime faceret eos preparari, nullis parcens expensis, prout manifeste claret in singulis illis, quos ipse apportavit, quam apte sint ligati, rubricati, lineati, capitalibus vel initialibus litteris pulcherrime distincti et ornati. Insuper et in his, quos peculiarius legere solebat diligenti marginum apparatu propriæ manus industria notabiliora quæque signavit. Unde et omnes illi codices, qui sui fuere, præ cæteris in pretio habentur adhuc et nonnunquam a calcographis desiderantur pro exemplaribus. Patet denique quantum legerit et in quibus studiis omne tempus suum consumpserit.*

Il n'omet pas d'y retracer, en plusieurs endroits, ses armes qui peuvent se blasonner ainsi : d'or, à la montagne de trois copeaux de sinople (je crois à cet émail, mais, dans les échantillons qui me sont tombés sous la main, la couleur a tellement poussé au noir que, sable ou sinople, je n'ose rien affirmer). Des copeaux placés à chaque extrémité de l'écu s'élèvent deux têtes de cigognes aux cous d'azur et aux becs de gueule, affrontées et les becs entrecroisés. J'en reproduis ici la figure, pour obvier à l'obscurité de ma définition technique. Elle présente, d'ailleurs, un naïf exemple des fictions héraldiques, deux oiseaux doués de becs assez allongés pour pouvoir s'embrasser ou se combattre alors qu'ils sont séparés par toute l'épaisseur d'une colline.

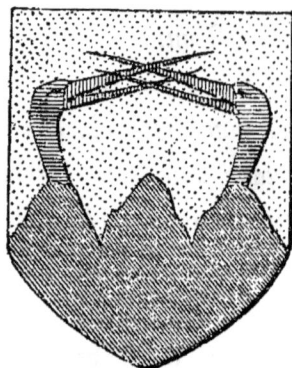

M. Madden, dans l'atlas joint à la cinquième série de ses lettres, donne l'énumération de tous les ouvrages imprimés en Sorbonne par les trois prototypographes de Paris, Ulric Gering, Martin Krantz et Michel Friburger. On les retrouve tous dans la collection de Jean de La Pierre, à l'exception de deux d'entre eux, *L. Æneas Sylvius, de duobus amantibus*, dont le sujet a dû paraître un peu trop léger pour d'austères religieux, et les Lettres du cardinal Bessarion, qui ne paraissent pas avoir été destinées au public. Mais en revanche il s'en présente deux restés inconnus à notre célèbre bibliographe, savoir : une édition des Satires de Perse et le traité, *Augustini Dati isagogicus libellus in eloquentiæ præcepta*, in-4°, plusieurs fois réimprimé depuis.

Les éditions du Soleil d'or s'y remarquent au complet jusqu'à l'année 1474 et manquent totalement à partir de cette date. Telle doit être, nous sommes autorisés à le croire, l'époque où J. de La Pierre quitta Paris pour venir professer la doctrine des réalistes à Bâle, et concourir, ensuite, en 1477, à la fondation de l'université de Tubingue.

M. Carlo Fumagalli a publié sur les débuts de l'imprimerie en Italie un volume intitulé : *Delli primi libri
a stampa in Italia*, S. d., petit in-4°. Il y donne avec le
plus grand soin l'énumération de tous les ouvrages,
jusqu'à présent connus, imprimés par Sweynheim et
Pannartz, à Subiaco et à Rome, ces deux berceaux de
la typographie italienne. Tout ce qu'il a cité peut se
voir dans la bibliothèque de notre chartreux. Elle permettrait, en outre, de compléter sa liste par l'addition
de trois ouvrages qui ont échappé à ses recherches :
*1° Cicero, de amicitia et de senectute, 1472 ; 2° Martialis
epigrammata, 1472 : 3° Aulu Gellii, noctes atticæ, 1473.*

Il existe une catégorie d'incunables *absque nota* qui a,
depuis longtemps, attiré l'attention des curieux de ce
genre d'études. L'usage, pour les désigner, s'est servi
de la forme particulière affectée par une des majus-
cules qui y sont employées. On les appelle des livres
à l'*R* bizarre. De quelles presses sont-ils le produit ?
Quelle cité les a vus naître ? La question s'est posée
assez souvent, et les solutions proposées ont été
fort diverses, car on les a attribués à différentes villes
des bords du Rhin, de l'Allemagne et même de l'Italie.
L'examen du papier dont ils sont composés écarte l'Italie et circonscrit l'énigme aux bords du Rhin, Mayence,
Strasbourg ou Cologne. Madden a consacré à l'éluci-
dation de ce problème quatre chapitres de ces dis-
cussions transcendantes, appelées modestement par lui,
Lettres bibliographiques. Il établit que les volumes à
l'*R* bizarre remontent au moins à 1465, qu'à cette
époque, l'imprimerie avait temporairement cessé d'exis-
ter à Mayence, qu'elle n'avait pas encore été intro-

duite à Srasbourg, qu'elle florissait, au contraire, à
Cologne, chez les frères de la vie commuue ou du
Ruisseau des Saules, et il a ajouté, comme conjecture,
que l'*ŗ* bizarre a pu sortir des poinçons de Nicolas
Jenson, alors fixé dans cette ville.

Le raisonnement de Madden me semble certain et
décisif à l'égard de Mayence. Des révolutions intérieu-
res y suspendirent, à cette époque et pendant quelques
années, l'exercice de l'imprimerie. Celui qui exclut
Strasbourg ne serait pas moins péremptoire si les ar-
guments à base négative pouvaient inspirer une foi
bien absolue. Deschamps, le dernier écrivain sur cette
matière, reconnaît, en effet, que le premier livre imprimé à Strasbourg, avec date, est de 1471, mais,
ajoute-t-il, celle de 1466 doit être attribuée à plus
d'un autre volume issu de la même ville. On arrive
bien près du compte de Madden. Demain, peut-être,
en présence d'une nouvelle observation, faudra-t-il éloi-
gner encore l'apparition des premières impressions stras-
bourgeoises ? Si donc, l'opinion de Madden se trouve,
quant à présent, triomphante, n'existe-t-il pas encore,
favorable à sa rivale, quelque petit nuage à l'ho-
rizon ?

La bibliothèque de Jean de La Pierre offre, tout à la
fois, un appui et une objection au système vainqueur.
Tous les livres à l'*ŗ* bizarre cités par Madden, s'y ren-
contrent. Il en est d'autres qui permettent de reculer
leur impression d'une année et d'en fixer les débuts
à 1464, ce qui rend d'autant plus difficile la tâche des
partisans de la ville alsacienne. Mais aussi on y trouve
un volume à la reliure évidemment contemporaine de

sa publication dans lequel, parmi plusieurs ouvrages incontestablement imprimés à Srasbourg, se trouve une pièce à l'$\mathcal{R}$ bizarre. Si ce fait se renouvelait plusieurs fois, il équivaudrait à une certitude en faveur de cette ville, suivant un principe reconnu par Madden (Lettres d'un bibliographe, 3e série, p. 25). Isolé, ne forme-t-il pas tout au moins une présomption autorisant quelques doutes ?

Le fonds de Jean de La Pierre donne un intérêt capital à la collection de l'université bâloise, dont il est sans contredit le principal joyau. Cependant les adjonctions ultérieures sont loin d'être sans valeur. Boniface Amerbach avait hérité de la bibliothèque d'Erasme. Malheureusement les livres qui ont appartenu à cet homme illustre se sont confondus avec ceux de la famille qui les a recueillis et aucun caractère particulier ne les en distingue. Réunis aux richesses des Amerbach, ils forment avec elles une masse importante par le nombre, le choix et la parfaite conservation des exemplaires qui la composent. Quoique sans luxe et revêtus de reliures plus simples que les incunables du vénérable prieur de la Sorbonne, de bien précieuses trouvailles récompenseraient encore les recherches de ceux qui les examineraient avec soin, mais ils appartiennent principalement au xvie siècle et présentent, dès lors, un plus faible intérêt comme curiosités typographiques. Ce sont, pour la plupart, des ouvrages de jurisprudence ancienne, droit civil et canonique dont la réunion me fournit une nouvelle occasion de constater un fait déjà souvent entrevu par moi. Au xvie siècle, l'Europe entière a été, à peu près exclusivement, alimentée en livres de ce genre, par les presses lyonnaises.

Quant aux manuscrits, je suis contraint d'avouer mon entière inexpérience à l'égard de cette branche importante de la science bibliographique. Loin de moi la pensée de donner, en ce qui les concerne, une idée complète des découvertes promises par la bibliothèque de Bâle aux investigateurs du passé. Je serai sobre et pour cause.

Les manuscrits d'une haute antiquité, ou ceux qui séduisent une certaine classe d'amateurs par l'éclat de leurs miniatures naïves, de leurs bordures à personnages, fleurs, oiseaux, insectes délicatement peints, sont peu nombreux, et là n'est pas le côté sous lequel la bibliothèque de Bâle peut lutter avec bien d'autres. Les quinze cents volumes de cette classe contiennent environ quatre mille traités, la plupart de théologie, jurisprudence, dogmatique ou philosophie, sciences autrefois plus étroitement liées que de nos jours. Cette prédominance s'explique assez bien, si l'on admet le récit de Bruzen de la Martinière. Suivant cet auteur, la salle de la bibliothèque fut le lieu où le fameux Conseil de Bâle, qui dura dix-sept ans, tenait ses séances. *Comme dans ce temps, dit-il, l'on n'avait point encore l'imprimerie, les prélats qui allèrent au concile y apportèrent un grand nombre de livres manuscrits grecs et latins et les y laissèrent, étant morts la plupart de la peste, et c'est, dit-on, ce qui a tant enrichi de manuscrits cette bibliothèque.*

Au nombre des membres du concile décédés pendant sa durée et dont les livres se trouvent encore à Bâle, on peut citer un prélat alors influent, Jean de Raguse, ainsi appelé du nom de la ville qui fut le berceau de sa famille, docteur de Sorbonne, professeur de théologie à l'université de Paris, et évêque d'Argos, en Morée. Il présida à l'ouverture du concile en l'absence du cardinal Julien Cesarini de San Angelo à qui le choix du pape Urbain V, confirmé par son successeur Eugène IV, avait déféré cette présidence, et on le voit conduisant le corps de Jésus-Christ dans la procession solennelle par laquelle s'inaugura la sainte assemblée. Il reçut ensuite, à deux reprises, la difficile mission d'aller négocier, à Constantinople, la réunion des représentants de l'Eglise Grecque à ceux de l'Eglise Latine, voyages dont il nous a laissé une relation conservée dans les œuvres de Léon Allatius. Procureur général de l'ordre des Dominicains, il logea au couvent des Frères-Prêcheurs, et y mourut en leur laissant sa bibliothèque. C'est ainsi que celle de l'université a recueilli un de ses plus précieux joyaux, un évangéliaire grec du viiie siècle, écrit en lettres capitales, bien connu et apprécié des théologiens qui, dans les nouvelles éditions des saintes Ecritures, le désignent sous le non de Codex E. Jean de Raguse le rapporta d'un de ses voyages à Constantinople avec un autre manuscrit grec du xiiie siècle contenant les sermons de saint Grégoire de Nazianze, accompagnés d'un commentaire d'Elie de Crète qu'on chercherait vainement dans les autres copies connues de ces mêmes sermons. Ce dernier volume est, d'ailleurs, remarquable par une série de peintures nombreuses et des plus dignes d'intérêt.

Non moins remarquables sont aussi : un nouveau testament écrit vers l'année 850 et orné de curieuses initiales ; divers ouvrages de saint Isidore, en écriture anglo-saxonne du VIIIe au Xe siècle ; un poëme de Sedulius, pareillement en écriture anglo-saxonne, et un superbe Salluste du Xe siècle, souvent consulté par les éditeurs de cet élégant historien.

Ce sont là d'admirables merveilles dont se pareraient les plus orgueilleuses collections publiques, mais au point de vue exclusivement lyonnais où je me plaçais, de plus modestes reliques du temps passé sollicitaient davantage mon attention.

En tête des manuscrits qui m'ont le plus captivé, se place *le livre de l'université*, contenant, depuis sa fondation année par année, jusqu'à nos jours, les noms des élèves qui ont conquis leurs grades dans ce foyer de lumières. Les premiers volumes sont d'un immense intérêt. Ils sont écrits sur vélin et débutent par le nom du premier recteur suivi de ses armoiries. Ensuite, à chaque mutation, le recteur entrant en charge est inscrit à côté de son écusson peint et environné de dessins et arabesques dans le goût du temps. Peu à peu, le luxe et le fini de ces peintures s'augmente. Bientôt c'est l'effigie sommaire du magistrat qui est offerte, puis enfin d'admirables portraits démontrent que les plus habiles artistes n'ont pas dédaigné d'apporter leur concours à la création de cette noble galerie.

On devine l'empressement avec lequel je me suis mis à examiner les années où je m'attendais à découvrir nos premiers imprimeurs lyonnais. Mais la déception n'a pas tardé à suivre. A cette époque, les noms patronymiques n'existent pas encore ou sont peu communs. On lit seulement des prénoms, suivis d'indications d'origine ou de quelques qualifications désignatives qui sont autant d'énigmes. Il faut toute une étude et quelquefois de longues recherches pour résoudre ces problèmes. C'est à peine si j'ai discerné un ou deux de nos prototypographes, et encore le doute m'empêche de les nommer. Qui ne sait, d'ailleurs, combien ces questions se compliquaient autrefois? Les savants (et les imprimeurs l'étaient alors), les savants, dis-je, quand ils avaient un nom de famille, s'en donnaient toujours un second en traduisant le premier en un latin plus ou moins régulier. Si ce nom offrait un sens quelconque, il subissait une nouvelle mutation à chaque changement de résidence par sa conversion en l'idiome du pays où s'établissait celui qui le portait. Ainsi *Hans von Stein*, *Joannes de Lapide* se nomme *Jean de la Pierre*, à Paris. A Lyon, *Wolf* s'appelle tantôt de ce nom, tantôt *Lupus* ou *Loup*. Ailleurs, *Han* devient *Gallus* ou *Le Coq*. *Bæcker* peut se convertir en *Pistor* ou *Boulanger ; Kaiser*, en *Cæsaris* ou *Lempereur ; Lévesque*, en *Episcopius* ou *Bischof*. *Antesignanus*, bravement appelé *Antesignan* par Née de la Rochelle, n'était autre que *Davantes*. J'ai été longtemps avant de le découvrir, et je rendrai grâces fort vives à qui m'apprendra le nom français de l'imprimeur ou libraire lyonnais caché sous la forme latinisée de *Paucidrapius*. Et tout cela, sans parler des désespérantes transformations imposées aux noms par la capricieuse orthographe de l'époque, dont je donnerai, tout à l'heure, un assez singulier échantillon. Le surnom, habituellement tiré du lieu d'origine, change aussi avec le domicile : Michel Wensler, né à Strasbourg, est connu à Lyon sous le nom de Michel de Bâle, parce qu'il nous arrivait de cette ville. Si, en quittant nos murs, il s'était rendu à Toulouse, on l'y aurait appelé Michel de Lyon. Je recommande à ceux qui voudront avoir une idée de la difficulté de ces constatations d'identité, le très-curieux travail de Claudin sur Jean Numeister auquel j'ai déjà fait allusion.

Puis enfin, tous ceux dont je viens de parler se sont acquis un nom, et les élèves sur les bancs de l'école n'en ont point encore. Si donc ma recherche n'est pas d'une insoluble difficulté, elle exige tout au moins un temps et un travail qui dépassent les limites d'une simple visite, c'est-à-dire, d'un examen nécessairement sommaire.

Après le livre des recteurs, j'ai pu admirer une vaste collection de lettres autographes des XVIe et XVIIe siècles, composée de près de cent volumes dans lesquels on a déjà beaucoup puisé pour l'histoire de la Réforme, mais où il reste encore bien des pièces dignes de sortir de l'obscurité.

Vingt-quatre gros in-quartos contiennent la correspondance de la famille Amerbach. Jean Amerbach, l'imprimeur, eut pour fils Boniface, professeur de droit à la faculté de sa ville natale et Brunon qui suivit la carrière paternelle. A Boniface succéda dans la même chaire, Basile, son fils. Ce dernier fut à son tour remplacé par son gendre Louis Iselin. Toutes les lettres écrites ou reçues par ces quatre générations de savants se retrouvent dans ces volumes, mine très-peu exploitée de renseignements sur toutes sortes de sujets. Déjà cependant le docteur Maehly en a extrait quelques pages qui ont été publiées à Bâle sous ce titre : *Universitati*

Eberhardo-Carolinæ Tubingensi solemnia secularia... ad-jectæ sunt Bonifacii Basiliique Amerbachiorum et Varnbue-leri epistolæ mutuæ, Basileæ, typis Caroli Schultzii, 1877, in-4°. Les lettres mises au jour dans cet opuscule présentent un fort intéressant tableau de la vie d'un étudiant modèle, Basile Amerbach, pendant qu'il fréquentait les écoles de droit, et de ses relatious pleines de candeur avec sa famille et ses professeurs. Dans les vingt-quatre volumes de cette correspondance, le docteur Sieber a bien voulu me désigner ceux où il avait remarqué le plus de traces des rapports existants entre Lyon et Bâle. La lecture n'en est pas toujours facile, et souvent j'ai dû appeler à mon aide les complaisantes lumières de mon guide. Je donne une brève indication de mes découvertes : ailleurs elles trouveront peut-être une place plus étendue.

Beaucoup de lettres sont échangées de Lyon à Bâle et réciproquement. Elles contiennent de curieux renseignements sur la manière dont s'opérait le commerce de la librairie à cette époque.

Un des doyens de la bibliographie, le docteur Desbarreaux-Bernard, vient de nous être enlevé. Sa mort, en mettant fin à une correspondance active qui nous unissait depuis plusieurs années, me frappe d'une vive douleur. Ces pages sont écrites à sa sollicitation et devaient lui être dédiées. Homme au cœur chaud et dévoué, il a joui de l'heureux privilége de conserver jusqu'à un âge avancé, avec l'ardeur d'un néophite, toute la vivacité de l'esprit méridional unie au goût le plus délicat et le plus sûr. Parmi les nombreux travaux dont il occupait encore ses dernières années, est une étude consacrée à l'histoire de la maison de librairie connue par la marque des cinq plaies du Seigneur et dont le siége est toujours indiqué *Lugduni et Tolosæ*, Lyon et Toulouse. L'auteur de cette étude recherchait quel avait été le domicile principal de l'association qui avait adopté ce pieux insigne. Pour cela, il était utile de connaître la résidence habituelle de l'associé premier en nom, Jean Robion. Impossible de la découvrir. L'examen des archives à Lyon comme à Toulouse, par les scrutateurs les plus minutieux et les plus zélés, a été sans résultat. Les rôles d'impositions sont muets sur ce nom, dans ces deux villes. Il s'agit pourtant d'un homme qui a été à la tête d'un établissement considérable, et les collecteurs d'impôts ont été de tout temps d'habiles enquêteurs. Bien petit est qui leur échappe.

En parcourant la correspondance des Amerbach, je me heurte à des faits qui donnent peut-être l'explication de l'inutilité de ces recherches. Nous tendons beaucoup à oublier le rôle joué par les foires dans les transactions de l'ancien temps. Le principal débit des livres semble avoir eu lieu au milieu de ces réunions périodiques des négociants de tous les pays. Certains marchands étaient en perpétuel mouvement, se transportant d'une ville à l'autre avec leurs caisses et leurs ballots. Dans un endroit ou dans un autre, en plusieurs peut-être, ils avaient des entrepôts gérés par des préposés d'un ordre inférieur et, eux-mêmes, parce qu'ils sont un peu partout, on ne trouve leur trace nulle part.

Aussi, tous les amateurs de livres connaissent Vincent Vaugris, libraire de Venise, qui se disait originaire de Lyon et que j'avais toujours supposé issu de Vaugris,

petit village de Dauphiné, sur le Rhône, un peu au-
dessous de Vienne. Vincent Vaugris a tenu un rang ho-
norable dans le commerce vénitien. Son nom s'y est
continué depuis le milieu jusqu'à la fin du XVIᵉ siècle et
peut-être au delà. Mais qui a jamais entendu parler de
Jean Vaugris, libraire à Lyon ? Je ne connais pas un
seul volume signé de lui. Cherchez son nom dans tous
nos chartreaux de tailles et d'impôts, dans les registres
du Pennonage ou *establyes en cas d'effroy*, appelez à votre
aide Natalis Rondot, de Valous, Guigue, Vaësen, c'est-
à-dire toute la science unie à la meilleure volonté possible, vous ne trouverez pas trace de Jean Vaugris, et
cependant il a été durant plusieurs années le chef d'une
librairie importante de notre ville, celle de l'*Ecu de
Bâle*.

Le fondateur de cette maison me semble avoir été
Jean Scabeller, né, comme je l'ai déjà dit, à Botwart.
Courant après la fortune ou fidèle aux habitudes d'émi-
gration qui caractérisent un peu partout les premiers
imprimeurs, il part de Bâle et vient habiter Lyon. Il y
séjourne une douzaine d'années puis il se rend à Paris.
En 1510, Lottin le compte au nombre des libraires de
cette ville. Plus tard, il revient finir ses jours à Bâle, où
dès 1495, il avait acquis la bourgeoisie. Là, entr'autres
ouvrages, il publia, en 1525, une traduction française
du Nouveau Testament, d'après la version de Le Fèvre
d'Estaples, petit in-8° goth. fort rare, cité par Brunet,
t. v, col. 748. M. Brunet ne connaissant pas l'imprimeur
de ce volume, se borne à décrire sa marque inexpliquée,
dit-il, jusqu'à présent. Silvestre en donne le dessin,
sous le n° 597, mais le nom de son possesseur lui est

pareillement inconnu. J'offre cette marque à mes lecteurs. Elle le mérite, car si elle n'a pas été dessinée par
Holbein lui-même, elle est tout au moins de son beau
style. Scabeller ne me semble pas en avoir fait usage
ailleurs qu'à Bâle, où je l'ai retrouvée.

DVRVM PACIENTIA FRANGO

Fernique. photc Sc

Outre son excellente impression, l'édition du Nouveau Testament due à Scabeller est remarquable par
les figures qui ornent l'Apocalypse, au nombre d'une

vingtaine (1). Elles sont de la hauteur des pages et il
est difficile d'y méconnaître le crayon du célèbre gra-
veur dont le nom vient d'être prononcé. On doit lui
attribuer aussi quelques-unes des initiales employées
dans d'autres parties du même volume. Hautes de vingt-
quatre millimètres comme celles dont parle M. Didot
dans son *Essai sur l'histoire de la gravure sur bois*, col. 46,
elles appartiennent à l'Alphabet de la danse des morts
décrit en ce passage et que nous avons vu revivre il y
a quelques années dans la publication donnée par le
regrettable Edwin Tross, sous le titre suivant : *L'Alfabeto
della Morte di Hans Holbein, Parigi, presso Edwin Tross,
nella strada des Bons-Enfants, 28. 1856, in-8°*.

On cite de Scabeller pendant son séjour à Lyon,
seulement trois ouvrages publiés de compte à demi avec
Mathis Huss, son compatriote, en 1483 et 1484 (Péricaud, n°s 24, 306 et 310). Ils ne portent pas l'indication
de l'écu de Bâle, mais elle se trouve sur toutes les publications de Parmentier qui après avoir été longtemps
son serviteur, son *institor*, son facteur ou son courrier
(c'est de ces diverses façons qu'il se qualifie dans plusieurs lettres aux Amerbach), est devenu son associé et
son successeur. Jean Scabeller est peut-être, de tous nos
imprimeurs celui dont le nom s'est le plus défiguré sous
la plume des rédacteurs de nos rôles d'impositions ou de

---

(1) Scabeller me paraît avoir été éditeur ou libraire plutôt qu'imprimeur. On trouve des exemplaires du Nouveau Testament de 1525 portant
la marque de Thomas Wolf, de Bâle, qui doit avoir imprimé le volume.
Le partage d'une édition entre les libraires et imprimeurs qui en avaient
avancé les frais, chacun mettant son nom et sa marque sur les exemplaires tombés dans son lot, était chose commune à cette époque.

ses autres contemporains. Ses lettres sont signées *Joh.
Scabeller als Vatinsne*, dans la forme que voici :

La véritable orthographe de son surnom paraît devoir être *Watenschnee* (qui patauge dans la neige, j'allais dire va-t-en neige). Ses noms se trouvent reproduits avec les variantes suivantes : *Schabeller, Scabeler, Schabler, Cabiller, Chablier; Westenschire, Wattischne, Wuattenschne, Battenshine, Battensche, Batissenay, Vatissiny* et *Vaticine.* Encore peut-on se reconnaître lorsque les deux noms ne sont pas séparés, mais si l'un d'eux se présente isolément, ce qui arrive le plus fréquemment, avec quelle facilité ne doit-on pas être dérouté par ces variantes fantaisistes ?

La sœur de Jean Scabeller, *Anna 'Schablera,* avait épousé Brunon Amerbach, frère de Boniface. Elle mourut à Bâle en 1519. L'épitaphe suivante fut composée en son honneur par Joannes Sapidus, professeur de belles-lettres à Schelestadt :

*Anna sub hoc gelido recubat Schablera sepulchro,
Quondam Brunonis uxor Amerbachii,
Digna fuit tellus, fuit hâc et dignus Olympus,
Hanc igitur tellus, hanc et Olympus habet.*

Le bâlois Conrad Resch, qui fut libraire à Paris, de
1518 à 1523, avec l'écu de Bâle pour enseigne et pour
marque, était également le beau-frère de Brunon Amerbach.

Je rencontre dans la correspondance de cette époque
un usage assez constant. Chaque lettre est repliée sur
elle-même de façon à pouvoir se clore par un pain à
hostie glissé dans l'interstice des plis qui se recouvrent,
suivant la coutume qui s'est conservée jusqu'à l'invention
des enveloppes ou plutôt jusqu'à la généralisation de
leur emploi. Pour décourager, sans doute, les tentatives
d'une curiosité indiscrète, l'écrivain traçait sur le revers
de la missive, du côté opposé à l'adresse, un monogramme ou chiffre qui, traversant les plis du papier,
ne permet guère à une ouverture clandestine de passer
inaperçue. En refermant la lettre indûment ouverte, il
était difficile de faire coïncider les traits du dessin. Je
donne un double exemple de ces monogrammes tracés
à la plume, celui de Scabeller et celui de Hans ou Jean
Vaugris.

Jean Vaugris appelle Scabeller tantôt son oncle, tantôt son cousin. J'en conclus qu'il était son neveu à la mode bretonne, c'est-à-dire, son cousin issu de germain. La même parenté l'unissait à Conrad Resch. Il fut le successeur de Scabeller dans l'association de celui-ci avec Parmentier qu'il nomme son *compagnon*, c'est-à-dire, son associé, dans une lettre qui se place à une date où Scabeller avait quitté Lyon pour Paris. D'une note que M. Sieber a bien voulu faire recueillir pour moi aux archives de Bâle, il résulte que Vaugris était né à Charly, près Lyon, qu'il devint imprimeur à Bâle en 1523 et qu'il y acquit la bourgeoisie, en 1524. Il avait un frère, Bénédict Vaugris, qui, d'abord imprimeur à Lyon, vint aussi habiter Bâle, en 1523, mais en déclarant vouloir conserver sa nationalité. C'est de 1510 environ à 1523 que Jean Vaugris fut l'associé de Parmentier. Ses lettres écrites de Lyon à Boniface Amerbach pendant cette période, sont signées : *J. Vaugris, libraire à Lyon*. On voit par sa correspondance, par celle de ses parents et de son associé, qu'il suivait constamment les foires, se rendant de Lyon à Genève, Paris, Strasbourg, Francfort et Bâle. Il avait un dépôt de livres dans cette dernière ville, car une de ses lettres à Boniface Amerbach, datée de Lyon, contient ce passage : *J'ai des Aldes à Bâle. Je les apporterai ici à la foire de Toussaint. Si vous en voulez, prévenez-moi à temps. Ils coûtent reliés à Bâle, 5 florins en or.*

Il n'est pas surprenant que des personnalités errantes comme celle-ci aient échappé au payement des impositions locales, au-devant desquelles elles ne s'empressaient probablement pas d'accourir, et telle peut être la raison pour laquelle nous ne trouvons dans nos archives ni la trace de Vaugris ni celle de Robion, malgré l'étendue de leur commerce.

Jean Vaugris semble avoir donné dans les idées nouvelles. Le 22 novembre 1520, il écrit à Amerbach : *Si vous avez le Luther allemand, envoyez-le moi à Lyon, car il y a de bons compagnons qui veulent le lire.* Je ne peux résister au désir de reproduire, bien qu'elle ait une source étrangère à mon sujet, la très-curieuse épître écrite par lui, de Bâle, à Guillaume Farel, résidant alors à Montbéliard, à la date du 20 août 1524. Elle a été recueillie par Herminjard, *Correspondance des réformés*, tome I, p. 279. J'en respecte la singulière orthographe :

Guiliome, mon bon frère et amîs, la grase et paix de Dieu soy en vous ! J'ai resu vous lettres, lesquelles lètres vous fètes mension que on délivre d'argent à monsieur le Chevalier (Anemond de Coct). *Lequel je lui ay fet délivrés 10 escus par les mein de mon oncle Conrat* (Conrad Resch). *Item, j'ay fet relier vous lires, car tout incontinent que on les at aporté, j'ay fet laiser toutes autres choses, pour fère les wautres. Item je vous* (les) *envoye et les ay balié au chevalier avèque 200 Pater* (Exposition familière de l'Oraison dominicale et des articles du *Credo*, par Farel) *et 50 Epistolæ* (probablement un ouvrage de Farel aujourd'hui perdu), *més je ne say coman vous les vollés vandre ou faire vandre. Je vandon la piesse des Pater 4 deniers de Basle, à menu* (en détail), *més en gross, je les vandon, les 300, Flor. 2,* (ce) *qui ne se monte pas tant; et les Epistolæ, deniers 6 qui se monte les 50* (à) *flor. 1. mès en gross je les ballie pour sous 13. Mès ballié les a quèque mersié, affin qui prène apètit de vandre des lires, et il se ferat de*

*peu en peu et parellement il ganierat quque chose. Item, je
vous prie, si il estoy possible que on fit translaté le noviau
testament, selon la translation de M. L.* (Martin Luther) *a
quèque home, qui le sut buen fère, que se seroy un gran bien
pour le païl de Franss et Burgone et Savoie, etc. Et se il
fesoy beson de aporté une letre fransayse* (des caractères
typographiques français), *je la feray aporté de Paris ou de
Lion. et si nous en avons a Bâlle qui fut bone, tant miex
vaudroy. Item je part aujurdui de Bassle pour aller à
Franckffort. A Basle, le 29 de augusto 1524.*

Au reste, il n'est peut-être pas démontré par cette
lettre que Vaugris ait abandonné le culte de ses pères.
A cette époque les idées de réforme fermentaient dans
toutes les têtes et les meilleurs esprits y étaient plus ou
moins entraînés. Mais beaucoup s'arrêtèrent et reculè-
rent lorsqu'ils virent que, sous le voile de la religion,
la question politique devenait dominante et qu'on allait
aboutir au grand déchirement de l'Eglise.

Vaugris n'est pas le seul libraire lyonnais du XVIᵉ siècle dont le nom soit révélé par la correspondance des
Amerbach. En voici un autre tout-à-fait inconnu jusqu'à
présent : *Vincentio Arnolfini*. Déjà, une lettre de Parmentier à Boniface, du 13 mars 1522, signalait la présence à Lyon d'un Jean Arnolfini et Cⁱᵉ, mais elle ne
disait pas si ce personnage appartenait au commerce des
livres et s'il s'était fixé dans notre ville. Il s'agissait sans
doute du père de Vincentio et de la première de deux
générations de libraires lyonnais. Quoi qu'il en soit,
Vincentio Arnolfini était libraire à Lyon en 1567. Il
faisait voyager ses livres dans des tonneaux, suivant un
usage, ce me semble, alors assez répandu. A la date

ci-dessus, il annonce à Amerbach l'envoi d'un tonneau de livres, *unum tonellum librorum*, marqué d'un monogramme où ses initiales V. A. figurent au-dessous de deux autres lettres M. D. qui indiquent un associé.

Dans tout le personnel de la librairie lyonnaise au xvıᵉ siècle, je connais seulement quatre personnes à qui ces initiales puissent appartenir. *Michel Dubois (Michael Sylvius), Michel Despréaulx (de Pratellis), Matthieu Daguenet* et *Moyse Desprez (Moses à Pratis)*. Le premier mourut en 1561. Le second travaillait encore en 1557, car nous le voyons, à cette date, prendre un apprenti parmi les enfants adoptifs de la Charité de Lyon, mais il devait être parvenu au terme extrême de sa carrière, commencée avant 1507. Mathieu Daguenet est taxé comme imprimeur en 1535 et 1536 et ne reparaît plus au-delà. Quant à Moïse Desprez, nous le voyons associé avec Thomas Soubron pour la publication de deux volumes qui portent l'un et l'autre la date de 1595. Ce chiffre M. D. semble donc ne pouvoir convenir à aucun d'eux. Il cache encore un nom qui nous demeure inconnu.

Tels sont les détails qui, au point de vue lyonnais, m'ont paru les plus intéressants dans les trois volumes de la correspondance Amerbach, particulièrement feuilletés par moi. J'y laisse encore, sans doute, beaucoup d'épis à glaner, et les vingt-et-un autres tomes de cette correspondance renferment assurément bien des renseignements utiles pour l'histoire de la librairie dans nos deux villes comme aussi pour la constatation de leurs intimes rapports à la fin du xvᵉ siècle et au commencement du xvıᵉ, ces époques si tourmentées par l'impatience de savoir et par toutes les agitations de

l'âme humaine. Ailleurs également, dans les autres manuscrits, et dans ces vénérables in-folios et in-quartos qui
nous attestent le tâtonnement de l'imprimerie naissante,
bien des perles ont dû m'échapper. Le temps s'écoule
rapide au milieu de ces riches épaves d'un autre âge. Je
n'en ai pas abandonné l'attachant examen sans regrets
et sans leur dire : *au revoir!* Aujourd'hui, j'aurai atteint
le seul but permis à ma science imcomplète si, tout en
levant un lambeau du voile qui recouvre quelques vieux
noms oubliés, je parviens à éveiller, sur ce précieux en-
semble où restent encore tant de documents à recueillir,
tant de trésors à retrouver, l'attention de ceux qui sont
mieux armés que moi pour cette lutte contre l'obscurité
du passé. Puissé-je valoir à la bibliothèque de l'université de Bâle la visite de savants unissant à l'amour des
livres, mon seul mérite, une connaissance approfondie
de leur histoire, et puissent-ils montrer mes nombreux
oublis, en nous initiant à leurs découvertes. Je n'en serai
point jaloux. Ils auront à leur aide tout un personnel
rempli d'attentions complaisantes et auquel je ne saurais
adresser trop de remercîments, et, s'ils veulent aller
prendre gîte au magnifique hôtel des Trois-Rois-Mages,
ils seront sûrs d'y être fort convenablement écorchés. Je
veux dire qu'en payant cher, ils seront bien traités, ce
qui ne se rencontre pas partout, même au sein de l'hos-
pitalière Helvétie.

H. B.

LYON. — IMPRIMERIE ALF. LOUIS PERRIN & MARINET.

TRAVAILLE PRIE ET ESPÈRE.

DEVS DEBIT

www.ingramcontent.com/pod-product-compliance
Lightning Source LLC
Chambersburg PA
CBHW050538210326
41520CB00012B/2631